JN439351

그믐달 마돈나

국립중앙도서관 출판시도서목록(CIP)

그믐달 마돈나 : 위상진 시집 / 지은이: 위상진. -- 대전 : 지혜, 2012
p. ; cm. -- (지혜사랑 ; 067)

ISBN 978-89-97386-32-1 03810 : ₩10000

한국 현대시[韓國 現代詩]

811.7-KDC5
895.715-DDC21 CIP2012004804

지혜사랑 067

그믐달 마돈나

위상진

시인의 말

내 피는 매수당한 채
먼 나라의 계절 속에서
내 안의 숨어있는 계단을 내려갔다

시의 발화 지점에서
이번 시집은 첫 번째 시집이며
다음 시집도 첫 번째 시집일 예정이다

의심하고, 또 의심할 것이다

2012년 10월
위상진

차례

2부

3부

4부

1부

흐르는 길

침묵의 영원 속에서 우리 기억 속의
색들이 자취를 감추기 전에
— 제라르 드 네르발

회백색 휘어진 선이 거리를 품는 중이다

그 길은 늘 빗물이 번들거리거나
잔설에 발자국이 얼어붙어 있다
창으로 보이는 길
소리 내지 못한 울음이
사생아를 낳은 길

징크 화이트를 뒤꿈치에 찍어 발라
찐득찐득하게
저항하는 길을 물고
엉덩이가 큰 여자가 정오의 해를
흔들며 걸어 들어간다

뒷골목이 몸을 틀어
고여 있는 길을 쏟아낸다
오후 다섯 시 반에 멈춘
교회 종탑 시계

파문당한 사제복에 남아있는 향내 같은
위트릴로 그림 밖으로
걸어 나와 그늘이 되는 여자

피를 쏟아내는 백색의 꽃이 자라는 그 곳
건너 갈 수 없는, 거기

흐르는 길은 또 다른 이름을 갖기 시작 한다

그믐달 마돈나

밤의 맥박은
링거 줄에 역류하는 피
천장 네 모퉁이에 어둠이 잘려있다

터질 듯 부풀어오르는
역청 같은 기침
시계가 없는 그녀가
오른쪽 손목을 두드린다

무릎 양말 냄새가 나는
여기는 먼 나라의 계절이 산다
물속에 잠긴 흉상 같은

이름표를 버린 침대시트
배추색 한 여자가 비상구로 사라진다

칼로 그어버린 수평선 너머

백색 카라 한 송이를 걸어두고
물에 넣은 양배추처럼
깨어나고 싶어

수직의 링거대에서
마지막 반사등이 꺼진다
커튼은 도청된 귀를 달고
오래 번창해 갈 것이다

중얼거리는 꽃

면도칼이 녹아내리는 문장 뒤에 서 본 적이 있나?
언제부턴가, 그 방은 파지가 쌓이기 시작했어
알 껍질을 깨고 프린터에서 빠져 나오는
꽃이 중얼거린다

너의 이마에 찍힌 번호
도마뱀의 잘린 꼬리 같았지

나는 몽유병에 걸린 듯 단어를 찾아다녔지
사라진 천재들이 내 머리칼을 잡아당길 때
처음 듣는 낱말의 침전물이 부유한다

뼈대가 부서진 소조 같은 문장
발가벗은 사람들은 연필로 그려진
도시를 지나며 아무 말도 흘리지 않았어

우린 범종에 낀 불협화음처럼

같은 책을 들고 다른 페이지를 뒤적였지
의심의 맨 끝에 도착하지는 못했어
충혈된 시계 위로 폭설처럼
쏟아져 내리는 파지

누가 녹아내리는 면도칼의 문장을 알아챌 수 있을까?
1초도 자기 자신을 낭비하지 않는 시간처럼
바스락거리는 이파리 소리

도무지 닫히지 않는 귀 하나, 여기 있다

매수당한 피

하마터면 현관문을 열 뻔 했다

문 앞에 서있는 그 눈은
불 꺼진 사진관에서 파란 불을 내뿜는
오래된 눈빛 같았다

나는 내 꿈에 매수당한 채
간신히 돌아누웠다
내 곁을 기어온 전갈 같은 어둠은
손끝에 놓인 중고책 속으로 기어들었다

책갈피에서 누군가의 엽서가 떨어진다
-그러나 네 노래 속에 나는 없고
내 혈관엔 너의 피가 흐르고 있어
어떤 말이 나를 이해받을 수 있을까

밤은 가죽장갑을 물어뜯으며

창이 녹는 소리 뒤에 서 있다
냉장고에 붙인 포스트잇이
떨어지는 소리
나는 체온계를 꺼내 입에 문다

굳어가는 진흙 같은 새벽의 시간은
늦게까지 날아들지 않았다
해안선을 물들이는 밤의 예언 속에서

낮은 목소리로

밤의 도화지에 태양과
새를 그려 넣고
언제나 같은 새로운 날이
시작되었지

매표소 앞에서 분류되는 남자와 여자
탕 안의 여자들은
이미 잃어버린 신화의 뒷장 같았지

노란 동공은 누설되지 않은
방향으로 걸려 있어
소금을 바르고 비닐을 허리에 감은 그들
열탕에서 돋아나는 강물소리
소금호수로 흘러들진 못하지

언제나 새로운 같은 날
지금 살아있는 자의 말은

자수정 벽에 봉인되고
사라진 사람의 목욕바구니는
막차의 선반 위 가방처럼 얹혀 있었지

천장의 숨구멍을 세어보던
일곱 개의 물거울에서
드라이플라워 같은 흑수선은
피어오르고
소란한 물소리는 물속으로 녹아들고

모래시계는 어떠한 시간도 귀띔해주지 않았지
반송된 이메일에 대해
잘려나간 도마뱀 꼬리의
빨간 피에 대해

바람의 알리바이를 감추는 지하 목욕의 시간
그곳엔 백 년 동안 비가 내리지 않았지

여름감기

의사가 목안으로 스텐 막대를
밀어 넣었을 때, 비는 내리고
푸른곰팡이는 벽으로 번지고

사람들은 물고기 우산을 쓰고
유령 같은 어둠은
칭칭한 바퀴소리를 접었다 펼쳤다

지하철 스크린 도어 앞에서
나는 주머니에서 빠져나간 줄 시계처럼 늘어졌다

불편한 자세로 키스를 하고 있는
얼음조각 같은 연인들
그림 없는 액자 밖에는
부엉이 날개 모양의 이파리가 내려다보고 있다

죽은 사람의 전화번호처럼

납작해진 길고양이
바닥을 할퀴고
물의 무덤으로 끌려간 두개의 발

붉은 웅덩이를 이어붙인 검회색 하늘
구름은 내 가방으로 흘러들었다
목 쉰 소리를 내며

축축한 시간은 강으로 버려지고
나는 물의 얼굴을 빠져나가지 못했다
현기증 나는 약봉지는
흰죽처럼 번졌다

새가 지나간다

나에게 요일은 사라져버렸다
시계가 울지 않는 아침

발가락에 이슬을 달고
내 곁을 죽는 날처럼 지나가는 새
영혼을 반환하러
바라나시로 날아가는 걸까?

책상 위의 먼지는 몽상처럼 깔려있고
문 밖에 쌓여있는 신문들
반복해서 찍혀있는 부재중 전화번호
봉지 속 콩나물은 물크러져 있고

건너편 집 여자는
흐린 불빛 아래 빨래를 넌다
잉크가 떨어진 만년필은
그림자가 없고

명사가 된 나는
다음 동사를 불러들이지 못한다

진혼곡처럼 남아있는 밤의 배설물들
노래를 입지 못한 글자들은 재 냄새가 난다

내 눈 속에 남겨진 새의 그림자
잠든 자는 자기가 누구인지 말하지 않는다
새가 지나간다, 그림자도 없이
푸드득 얇아진 새벽빛이 발버둥 친다

무성의 입술

석고상은 붉은 입술로
일렁거리는 말을 한다
'목소리가 듣고 싶었어 아무 말이나 좀'

잠에서 깨어나자
그는 링거 줄을 뽑아 던진다
회색 피가 흘러나오는 제라늄 화분
그는 입술을 더듬어 본다
'좋은 말을 해본지가 오래 되었어'

낮에도 밤은 여러 번 찾아왔고
휘어지는 길을 따라 아침은 사라졌다
간호사들은 오늘 죽은 사람의
생일 케익을 우물거린다
'나는 내 맘에 들고 싶어'

밧줄에 묶인 채 거꾸로 올라가는 간판

창밖의 검은 태양은
바닷물 색을 울컥 울컥 쏟아내고
간판이 있던 자리 공중에 걸린 둥지 하나
어린 새의 솜털이 묻어 있다

구름그림자를 덮어쓴 간판은
그에게 자신의 이름을 말해 주지 않는다
'내가 벗어둔 집에게 인사를 한 적이 없어'

그는 유리창 위에 입술을 벙긋거린다
한 단어 한 단어 말의 입김이 번진다

아홉 점 구두로 남은 사내

그는 철쭉이 지는 소리로 웃는다
핏기 없는 대리석 같은 얼굴
긴 속눈썹 아래 꽃잎이 날아든다

햇볕이 들지 않는 구둣방
송곳 구멍으로 들락거리는
그의 손끝에서 사라진 길들

발은 구두의 기억을 간직할 수 있을까?

구두는 발의 모양을 허물고 있었지,
꽃의 주름이 잡혀있는
빈센트는 꽃을 그리고, 아홉 점의 구두를 그렸지
그림 속에 생 레미 병원을 옮겨놓고

편지를 부치러 가던 길
주사바늘 같은 비가 내렸지

맑은 착란이 구불거리던 길
사이프러스 나무 사이로 별은 출렁거리고

선반 위에 가지런히 놓인 아홉 점의 구두

구둣방 작은 창으로 꽃그늘이 늘어난다
길은 구두 밖으로 버려지고
구두는 이제 발을 말하지 못한다

돌의 대화

네 사람이 말을 한다
세 사람이 말을 한다
두 사람이 마주 보고 있다

너는 보이지 않는다
잘 손질된 돌처럼 앉아 있는 사람들
높이 든 술잔은 한 방울의
잉크를 떨어뜨린 것처럼
말들을 간섭하며 흘러 다닌다

사람들의 입에서 나오는 흰서리 같은 입김
그들은 목소리를 녹여내지 못한다
그런데 너는 어디에도 보이지 않는다

어둠의 육교를 건너온 나의 방
내가 보던 책갈피에 반 쯤
가려진 로제타스톤 문진

네가 먹은 것은 물에 젖은 어둠 뿐이었다

시간은 밀납 같은 혀를 움직이기 시작했을까
물기 없이 피어오르는 검은 말들
흙먼지를 뒤집어쓴 모하비 사막의 돌은
로제타스톤을 모르리라

몸을 빠져나오지 못한 문자들
로제타스톤
커다란 붓으로 찍어 발라놓은 배경을 거느리고

내 몸으로 흘러드는
암호를 물고 있는 돌의 그림자
너는 시스트럼 소리를 낸다
점성술사의 수정구에 내려앉은 노래처럼

물렁물렁한 방

해가 들지 않는 방이 있다
해질녘 잠깐 문 앞까지 빛이 왔다 가기도 한다
방문 앞에는 보이지 않는 금줄이 쳐져 있는 듯
쉽게 다가갈 수 없다

태아처럼 손가락을 빨며 너는 담겨 있다
그때 스탠드 불은 펼쳐진
책을 더듬어 보기도 했을까?

63빌딩 전시실, 이집트에서 온 람세스 2세는 삼천이백육십 년 째 자고 있다
북쪽으로 문을 낸 피라미드처럼 검고 깊은 방, 다시 깨어나기 위해 외우는
사자의 서, 관 속에서도 왕은 파피루스에 인장을 찍으며 별을 문지르고
있을까 람세스의 심장은 방부제로 가벼워져 있고 신이 되고 싶었던 시간은
물렁물렁해져 있다 왕은 혼자 울기도 했으리라 람세스

의 가슴에 붙어 있던 눈
을 잃어버린 쇠똥구리는 날개를 버리고 날아오르는 중
일까?

저물녘, 조금 늙어버린 너는 잠에서 깨어난다
머리맡에 구겨져 있는 시간
너의 몸에서는 비늘이 떨어져 내린다
멈춰버린 시계를 더듬으며
너는 혼자 중얼거린다

황사가 내리는지, 유령처럼 걸어
다니는 마스크를 한 사람들
초저녁 먼지 냄새는 골목으로 번지고
길은 두루마리처럼 말리며
그림자를 삼킨다

방은 다시 피라미드처럼 그윽해진다

2부

조명등 밖으로

그 때 내 눈에 들어온 것은
출입구 천장에 붙어 있는
죽은 시계
나는 그에게 먼저 눈인사를 건넸다

알아듣지 못할 말을
중얼거리는 거지처럼
드라이아이스는 낮게 깔리며
내 발끝으로 들어온다

누군가 흘리고 간
이력서 같은 진주목걸이 바닥을 굴러다닌다

나는 어두운 대기실에 앉아
커튼 사이로 무대를 엿 본다
언 생수통이 깨지듯
얼굴 위로 빛이 쏟아진다

꽃가루를 수정하는 벌새들의
날개 짓 같은 빛

나는 커튼의 한쪽 끝으로 몸을 말고 싶다
유랑서커스단이 천막을 걷어내듯

교회 담벼락 옆엔, 흐르다 만 전선줄이
깨진 조명등 밖으로 나와 있다
어디서 급하게 창문 닫는 소리

내 발밑에 내리는 질산 같은 눈
길 끝에는 보이지 않는
커튼이 내려져 있다
눈은 흰색을 지우고 어둠을 부식시킨다

그것은 말랑한 벽이었다
한 발만 내디디면 무대 밖이다

8분

갑자기 화면이 뚝 끊어졌다
나는 소리만 들리는 영화관에 앉아
비어있는 화면을 마주 한다
눈을 뜨고 있는 눈 먼 자의 시간

이미 읽어버린 영화전단지를 접었다펼쳤다 했지
어둔 화면은 소리로 보이지 않는 것을 보여준다

잃어버린 내 망사장갑 한 짝을 내밀며
눈을 맞추지 않던 눈
나를 위해 연주하던 기타 위의 긴 손톱
소리만 들리는 70년대식
사랑은 여기에 도달하지 못했지

화면 저 너머 내가 들여다보기를 거부한
지하 기도소의 돌이끼같이
번식되는 시간들

아무런 예고도 없이 영사기는 계속 돌아간다

양철 지붕 위의 빗소리로 가득한 극장
박쥐처럼 어둠에 익숙해질 무렵
파지를 태운 재 같은
어둠의 주름을 밀치고 불이 들어온다

복원되지 못한 화면은
필름 세척자의 이름과 함께 흘러내렸지
잃어버린 8분을 집행유예로 남겨둔 채

노란 비탈길

지나간 신문 같은 남자가 벤치에 누워있다

얼굴을 덮은 신문은
'오늘의 운세'를 보여주지 않는다
돌발적으로 분리공포증이 몰려 와
집으로 가는 길에
노란 비탈길이 일어선다

길모퉁이에서 무너지는 바람
그의 손은 추위처럼 떨며 손잡이를 찾는다

초시계처럼 파도치는 노을
길가의 나무는 거꾸로 자라고
빨간 덩굴풀이 벽을 타고
길을 갉아 먹는다
다리아래 강물은 난간을 뒤집으려 해
햇살은 포르말린에 담긴 것 같아

벽보에 걸린 동전 같은 달

합성사진 같은 그가 일어난다
머릿속으로 줄지어 들어가는 까만 개미떼

불속의 비둘기

검은 봉지 속, 귤이 해가
지는 쪽으로 쏟아질 때
그 불은 경찰서 뒷마당에서 시작되었죠

새들이 날개를 접는 시간
버섯구름에 싸인 비둘기 집

머리위의 불꽃이 타다만 비둘기가
각목처럼 툭 떨어지며 비명도
없이 날아갔죠

호루라기 소리 어른거리는
불꽃 속에서
당신의 마지막 눈동자를 떠올렸죠

나는 당신과의 거리를 사랑한 것이라고
잔느*처럼 사라진 눈동자가

꾸는 꿈이라고
밤기차 유리창에
악착같이 달라붙은 사랑
어디까지 따라 왔을까요?

이제 당신의 눈동자에 불사조를
그려 넣고 싶어
불에 타다 만 비둘기는
니그로 조각 같아요

* 화가 모딜리아니의 아내. 모딜리아니가 죽자 임신한 몸으로 투신했다.

숨

한밤중 어디에서 소리가 난다
둑, 뚝
소리가 깊어지며
나무에서 빠져 나오는 소리

천장을 받치고 서있는 장롱
거기 마호가니 나무에서 새어나오는,
어린 새의 심장 소리일까?

어둠 속에서 손가락으로 내 몸을 더듬어본다
내 목의 뼈들이 휘어지는 소리
둑, 뚝,

벽들은 참았던 숨을 뱉어내는지
여러 겹의 벽지들이 들뜨는 소리
별들은 숨을 한 겹씩 벗겨낸다

지금은 귀머거리의 귀가 열리는 시간
수첩의 글자들이 뒤섞이는 시간
벽들이 하나씩 열리고
날숨이 물결치는
그 때,

나뭇결이 품고 있던 소리는 내 발끝으로
올라온다
밤은 푸르스름한 빛과 함께
천 개의 숨결로 흩어진다

밤의 밀정처럼

거실 통유리를 떼어내고
집안으로 하늘을 들여놓을 때
나는 너의 창을 생각한다

천장 아래 한 뼘 잘려 있던 숨구멍 같은 창
고시원 방문마다 번호가 붙어 있고
합판을 붙여 만든 벽 너머
로션 병 두들기는 소리가 들렸지

너는 말라버린 귤껍질처럼 누워있었지
나에게 눈을 맞추지 않은 채
어디선가 수도관이
떨며 역류하는 소리
눈을 뜨고 있어도 네가 보이지 않았지

어느 날 결번으로 돌아온 시간
네가 없는 카페 앞에

비에 젖은 지등紙燈처럼 서 있었지
사람들의 목소리가
비닐봉투처럼 떠다니고
비행기 엔진으로 날아드는 새처럼
나의 이마로 쏟아지는 너의 울음

구석진 자리 홀로 타고 있는 촛불
나는 너의 머플러를 두르고 거실로 나갔지
통유리 저 너머 긴 머리칼의 그림자 하나
어둠의 바퀴살을 굴리고

얼굴 없는 질문처럼 너는 달려와
흰 올빼미 눈으로 나의 창을 들여다본다
밤의 밀정처럼

길 혹은 고양이

1

종로 3가 지하도에 낯선 음악이 울리고 있다 안데스를 넘어 온 차고 맑은 선율, 까무잡잡한 얼굴에 치렁하게 묶은 머리, 키 작은 악사들이 물안개처럼 피워내는 미소, 지하로 날아든 십일월의 철새 같은 엘 콘도르 파사*

쓸쓸하고 달콤한 팬플룻 소리, 하늘로 올리던 의식 같은 음악은 오후 세 시의 지하 사막을 건너간다 안데스 계곡을 감아 돌던 바람은 갈 데 없는 노인들을 덮어주고 철새는 날아가고

2

북경 천지극장, 사내아이가 반 쯤 늘어진 줄 위를 간다 아이가 밟고 가는 줄이 흔들리며 절벽으로 떨어지려 할 때

몸을 돌려 그네를 탄다 숨죽여 증발하고 싶었던 불꽃같은 울음은 깃털처럼 가벼워져 줄 위에 얹혔지 물에 담갔다 꺼낸 그림자가 뛰어내리며 길 밖으로 밀려난다

3

눈 내린 길 위에 발자국이 젖어들고 있다 고양이 한 마리, 납작한 배에 그림자를 달고 검은 비닐봉지를 따라간다 고양이 발에 찍힌 길이 파랗게 돋아난다

* 엘 콘도르 파사 : 페루의 민속음악. 「철새는 날아가고」로 우리나라에 알려졌고 사이먼 앤 가펑컬Simon&Garfunkel이 불렀다.

거꾸로 사진관

한 사람이 우산을 쓰고 지나간다
두 사람이 우산을 잡고 지나간다
마주 오는 사람은 그림자가 없다

보이지 않는 그림자에 걸려
내 안경은 젖은 우산처럼
떨어졌다
자전거가 지나간다
가시돋힌 장미다발 위로

중고 서적처럼 낡아간 간판
몇 개의 낱말들은 달아난
받침들을 좇아가고

쇼윈도에 지폐처럼 걸린 사진
걸어온 발이 안경 속에 담겼다
빠져나간다

사진관 남자는 사무적인 말투로
안경을 벗으라고 한다

눈먼 자가 빼앗겨 버린 지팡이 같은
나의 불안
벽에 걸린 가족사진은 흰 뼈처럼
웃고 있다

희뿌옇게 거꾸로 흔들리는 길
그 때 내 눈은
심야영화의 엔딩처럼
더 이상 길을 간섭하지 못한다

귀

소리 하나가 너를 따라 다닌다
전화 통화 중일 때
전화보다 먼저 너의 귀에 달라붙는 말
'수화기를 들어 봐, 도마뱀이 받을 거야'

왼손으로 그려 넣은 악보처럼
달팽이관으로 달려드는 소리들
'비에 젖은 신발을 말려 봐
비눗방울 속에서 빠져 나올 수 있어'

텔레비전 소리에 끼어드는 세이렌의
소리는 너에게 무엇을 말하고 싶었을까?
비밀번호가 잠긴 약장에서
흘러나오는 익사한 이름들

보이지 않는 곳에 고정된 눈동자는
유리창에서 깊어진다

'창 밖에 흘러내리는 빗물을 손가락으로 밀어 봐
뒤죽박죽된 얼굴이 보일 거야'
버터처럼 녹아내리는 시계

네가 모르는 소리들이
너를 보고 있다
유리창 위의 그림자가 경악한다
너는 시간에 갇혀버린
소리의 유령

또 하나의 소리가 환청을 밀고 들어온다
물 밖으로 나온 물고기처럼
벙긋거리는 입술
차가운 유리벽에 문지르며
숨을 뱉어내기 시작한다

사진촬영금지 구역

눈 하나가 방에 가득 차있다
어둠의 속눈썹을 따라 들어가면
나방처럼 날아다니는 불빛,
흰 가루약처럼 내 얼굴에 쏟아진다

미술관 영상전시실
나는 블랙홀의 계단으로 빨려가는 빛
마이크에 소리를 불면
스크린은 내 심장의 박동을 그려냈다

한밤중, 천둥소리에 깨어났을 때
번개는 네거티브 필름처럼
아무도 들어와 살지 않는 내 몸을 찍고 또 찍었다
사진 촬영금지,
그러나
번쩍!

구름은 두꺼운 커튼처럼 내려져 있고
뫼비우스의 띠같은 빛은
어둠속으로 사라졌다

그 때 눈을 뜨고 있는 것은
무엇이었을까?
나는 왼쪽 눈의 렌즈를 바꿔 끼운다
색깔이 각각 다른 반고양이 눈동자처럼

바다로 내리는 잠

그는 밤마다 부적을 따라 나선다
스틸녹스* 두 알 입에 물고
가수면假垂面의 바다로 잠겨든다
더 이상 지느러미를 흔들 수 없을 때까지
풀어진 물감처럼 해저로 가라앉는다

암청색 바닷물이 그의 이마 위로 흘러가고
형광 빛을 내는 몸은 물고기 알을 낳는다
내리지 않는 잠은 심해어 울음소리를 낸다

그때 앞집 여자가 비틀거리며
계단을 오르는 소리
열쇠 구멍으로 머리를 밀어넣는지
덜그럭거리는 소리
어딘가로 핸드폰을 눌러대는 소리

밤의 소리들이 달팽이관에서 미끄러진다

어디서 잠의 노래가 들려오나
그는 남아있는 비상약 한 알을 삼키고
잠은 부적의 뒷면으로 흘러드는데

앞집 여자는 밤을 두드리고, 두드리고

*스틸녹스 : 신경안정제.

3부

흑점

태양은 횡단보도에 서 있다

녹색불이 들어오자 유모차를 밀고 오는
검은 부르카 여인
깊이를 알 수 없는 검은 눈동자

정장을 한 남자의 무성한 수염은 정갈했다
땀 한 방울 흘리지 않는
무슬림은 내 곁을 스쳐 지났다

흰 붕대가 감겨있는 눈부신 횡단보도

한 쪽 팔이 없는 남자의 종이봉투를 뚫고
길바닥에 폭탄처럼 터지는 콜라
비명처럼 끓는 거품,
남자의 비어있는 긴팔 셔츠는
불행해진 종이봉투를 주우려 하지 않았다

파편 같은 얼룩을 피해
사람들은 검은 박쥐 떼가 날개를 부딪치듯
횡단보도로 몰려갔다

구름은 인공하늘처럼 움직이지 않고
사막 쪽 하늘은 어두워져 갔다

검은 베일처럼 눈에 대고 보는
어두운 네가필름
8월과 나 사이에 검은 색이 있다

사라진 샤먼

네 꿈은 낮도 아니고 밤도 아니었다
너는 사라진 원고를 찾으러
지하계단으로 내려갔다
석유통 옆의 원고뭉치는 이미 불타고 있었다

피의 주문처럼 노래가 울려 퍼지는
웬 아이 드림, 아이 드림 오브 유
지하철의 배관을 달려가는 말발굽 소리

핸드폰으로 몽골이 들어온다
손가락 끝으로 전해오는 대지의 울대
말방울소리
너는 우주의 소리를 담은
샤먼의 소리통 같아

'다음은 안국역입니다 내리실 문은 왼쪽입니다'
그런데 마음은 어디에 가있는 걸까?

사람들은 뜯어진 납자루처럼
쏟아져 나오고

너는 길거리에서 나눠주는 전단지 같았지
전광판 자막위로 주문이 달아나고
진부한 농담들이 흩어지고 있다

바퀴를 벗어나고 싶어 하는 파란 불
보이지 않는 목초지의 바람을 감고
너는 인사동으로 사라진다

아득하게 봉쇄수도원 철문 닫히는 소리
목구멍에서 원고뭉치가 불타는 소리

천경자

오늘은 머리에 이고 있던 뱀을
그만 내려놓을래
풀어놓은 뱀은 노래를 따라 간다
이미자의 황혼의 브루스는 저 혼자
가라앉는다

서교동 집 마당에
목련이 까맣게 타들어갈 때
당신이 남기고 간 쓸쓸한 미소
마지막 발자국 소리 하나만
남겨 두겠어

내 머릿속 그림을 하나씩 버리면
늙어가는 일이 쉬울지도 몰라

원주민처럼 화장을
하고 타히티로 숨어들 거야

귀환하지 못하는 시간을 거슬러
우리는 어디서 왔는가,
우리는 무엇인가, 우리는 어디로 가는가*
거기선 슬픔이 제목도 없이 썩어가겠지

저물녘 긴 잠 속 어디쯤에서
화관을 쓴 여자의
은빛 피리소리가 들린다

누가, 누가 나를 저 캔버스에 그려놓았나
내 슬픈 생애의 22페이지**에서
나는 늙어가지 못하는데

* 폴 고갱Paul Gauguin의 그림 제목.
** 천경자의 그림 제목.

두 개의 시선

1

르네 마그리트
그의 말이 그림으로 들어갔다
그는 문을 열고 나가고 싶었을까
창밖의 바다는 날개를 달고 있다

하늘은 새의 날개에 갇혀 있다
그곳에서 새는 시간을
놓아 버렸다
창 안쪽의 바다는 우울하게 저물어가고

2

밤의 공중전화는 어둠에 갇혀 있다
부스에 담겨있던

말이 쏟아져 내리고
누군가 누르다간 번호판
지워진 숫자 위에
지문이 돋아나고 있다

자정에 멈춘 시계에선 시간이 새어 나온다
머뭇거리던 안개가
부스를 둘러싸기 시작한다

11월의 비

지금, 어딘가를 쓰고 있을
홍기윤에게

그는 여섯 번째 나의 구두창을 갈고 있다

음이 소거된 티브이 뉴스가
거짓 수사가 많아지는 저녁을 꿰맬 때
구두는 그보다 먼저 늙어갔다

벽화처럼 정지된 얼굴로
부르는 노래는 믿을게 못 되었죠
말言이 안 되는 말들을 수집하는
나는, 특히 잘 있죠
'거기 윗동네 공기는 어떤가요?'

시간의 창살 뒤에 어디에도 없는 그의 말은
내가 만들어낸 기억의 거울 같아

구둣방 거울은, 안주머니에서 시를 꺼내든 채
사라지는 그를 뱉어 낸다

나는 주크박스를 빼앗긴 음악처럼 창백해지고
공중에서 노란 비가 묻어있는 신문지가 떨어진다

거미는 담벼락에 못처럼 박혀버리고
안짱다리를 한 유령이 걷어찬
우유는 하수구로 콸콸 흘러들어간다

그의 젖은 말言 하나가 나를 쳐다본다

한강

너는 흐르는 동안에만 물의 씨앗을 낳는다

태백에서 흘러오다 두물머리 어디쯤에서
천년을 잘라내고 어둠이 치마폭을 들추며
달을 내려놓는다

오래전 끊어졌다 이어진 다리 아래
물그림자를 밀고 가는 무늬
흐르듯 멈추듯 달이 사리를 품는 중이다

흐르지 못한 물방울이
바다로 가는 생각을 하는 사이
양수가 싹을 틔우며
네 품으로 떨어진 꽃잎 같은 이름
하나 둘 불러낸다

너는 흐르며 단단한 심이 박힌

물의 자식을 세상으로 내 보낸다

밥

그대, 사막에서 사라진 생떽쥐베리를 만났나요

죽을 때까지 내려앉지 못하는
칼새처럼, 어린이날 에어쇼를 하다
검은 프레임 밖으로 빨려들어 간 블랙이글*

아빠의 사진 앞에서 경례를 하는
일기장엔 검은 독수리가 그려지겠지요

빈자리, 밥상에 올려놓은
정갈한 흰 밥 한 그릇
살아남은 자가 드리는 선물이며 제물인
말없는 밥

나는 어머니께 아픈 밥이고
너를 먹이는 밥이고
네게 먹히는 밥이고

* 2006년 5월 5일 어린이 날 에어쇼를 하다 숨진 김도현 소령.

삭제된 이름

긴 복도를 울리는 철문 소리
사람들의 발소리가 그 속으로 스며든다
너는 형장으로 가는 길목에 서있다

내일은 얼마나 오래 걸릴까?
네가 받아 마신 방언 같은 소리
하루하루 네 자신을 잊어가는
기도는 얼었다 녹았다를 반복하며
저 명왕성으로 숨어들었지

부러진 꽃송이가 아우성치듯
너는 숨소리를 내지 못했지
방사능비를 맞고 있는 거리는 적막하다
급하게 휘 갈려 쓴 밀서 같은 얼굴로
너의 납빛 노래는 뼈에 닿아있지

너를 닮은 바람은 죽은 자의 시계를 돌려놓고

삭제된 별의 시간을 살려놓는다

네게 둘러진 검은 상장,
통곡의 나무*로 불리는 네 이름을
나는 지운다
너를 감고 오르는
이름을 오독하지 않도록

* 옛 서대문 형무소 사형장 입구에 있는 미류나무. 일제강점기 때 독립 운동가들 이 사형장으로 가기 전 이 나무를 붙들고 통곡을 했다고 한다.

일인칭 위의 사람들

여기 한. 칸. 에. 한. 자. 씩.
쓰는 건가요?
목이 꺾인 장미처럼, 음절을 끊어 말하는
오월의 이주여성
백일장. 그들은 서로 눈을
맞추지 않았지

네가 갇힌 원고지에
엄마의 강을 써 넣었지
순례자의 이마에 쓰는 누에 같은 문자들
젖은 빨래처럼 감기는 엄마 냄새
거기 고해성소에서
울다놀다하고 싶어

나는 완성할 수 없는 문장일까요?
자음과 모음은 나를 밀어내요

말할 수 없는 것을 말하려는 나
딱딱하게 굳어버린 흑빵 같은 나

일인칭 위에 닻을 내리려 해요
누구도 가르쳐주지 않는 나
허기진 뱃속에 밀어 넣는 막대사탕 같아

오븐에서 부풀어 오르는 빵 같은 한마디

"나는 이곳에서 너무나 행복해요!!"

모래 가방

내 눈 속으로 한 여자가 걸어 들어온다

먼지 속을 달려가는 긴 화물차
그녀의 눈 속에 모래 바람을
부려놓고 간다
사막이 시작되는 곳, 카페 바그다드

그 눈 속에서 흘러내리는 모래
그녀는 고장 난 커피기계 앞에서
뜨겁고 건조한 바람을 마신다

피아노 소리가 같은 소절에서 반복되는
모래가 태양을 마시는
사막이 끝나는 곳, 모하비

내 방으로 들어오는 황사바람
닫아도 날아드는 공기 같은 모래

나는 오래된 가구처럼 낡아만 간다

모래시계가 녹아내리는 나른한 시간
뜨거운 모래 밖으로 한 여자
손을 내민다

어쩌면 마술 같은 생이 시작될지 몰라
누구의 비밀이 되기 싫은
텅 빈 노을 속으로 부메랑을 날리지

또 다른 시간으로 돌아올 수 있을까?
밤마다
가방 가득 모래바람을 넣어둔다
나는 아침의 관찰자, 커피를 마시고
모래를 쓸어낸다

달콤한 식탁

그에게 식사는 임종 의식과 같았다
중세시대 영주들은, 독살을 피하기 위해
시식 시종을 두었다고 한다
시식 시종은 독이 든 음식을 먹고 살았다

연한 양고기 살을 맛볼 때마다
두려움은 그의 혀를 마비시켰다
그는 독을 이겨내기 위해
날마다 조금씩 비소를 먹었다

식탁위의 죽음이 불꽃처럼 피어오를 때
그는 일렁이는 자신의 그림자를 보지 않았다
비소에 익숙해진 그는
강하게 살아남았다

냉장고에서 감자가 싹을 틔우는 동안 내 몸에서 물기가 빠져 나갔지 감자는 어둠 속에서 독이든 보랏빛 눈을 밀어

올리며 제 몸을 독으로 바꾸어 갔을까? 소화되지 않은 말들은 위경련을 일으켰지 커튼을 젖히며 신들의 이름을 불렀지, 뼈 없는 고등어가 택배로 왔다 몸통만 가지런한 진공포장은 손에 쩍쩍 달라붙었지 군청색 줄무늬, 머리들은 모두 어디로 갔을까? 흐르는 물에 세심한 붉은 살이 녹고 식탁에서 주검이 달콤해지고 있다

4부

쉼표 박물관

중국 현대문학관 테이블,
올챙이 무늬로 마구 찍혀 있는 쉼표들
멈출 수 없는 쉼표들은
쉼표를 낳는 중일까?

쉼표는 쉬지 못하고
끊임없이 다음 문장을 끌어당기고 있어
오늘 아침 나는
불온해져야 할까 봐
욕망이라는 이름의 전차가 떠올랐어

구름은 나뭇잎을 갉아먹고 제 몸을
밀어 넣는 중이야
그리다 만 액자 밖에는
아스라한 건물이 비탈에 서있어
손으로 밀면 뒤로 넘어갈 듯해

소파 위에 놓인 사무엘 베케트
그의 눈 속엔 보라색 그늘이
드리워져 있어
최초로 열리지 않은 듯한 입술
고독이 밴 듯한 이마
낡은 셔츠의 보푸라기처럼 묻어 있는 쉼표들

베케트의 문장은 쉼표로 가득해
소리가 사라진 자리에
깨어나지 못하는 쉼표들

북극에서 날아온 우울이 맺혀 있는 걸까?
신갈나무 한 그루, 빗속에서 한 호흡 쉬고
나뭇가지 끝에 달려있는
연둣빛 물방울들

비 내리는 봄의 숲은 쉼표 박물관 같아

밤의 유리창

불 꺼진 수족관의 물고기는
거기가 바다인 줄 알까
저녁 어스름사이에서 가물거리는 별
비늘이 헤진 입을 벙긋거리며 빛을
따라 옮겨 다니고

시간은 글씨가 사라진 양피지 같아
물고기의 흐린 눈은 물소리를
찾아가고 나는 더듬거리며 창유리에
문을 그려 넣는다

그림 속의 여신은 대리석
이마에서 기억의 피를 쏟아낸다
바다는 수평선을 끌어내려
구름을 가둬놓고

그 안에 흐르던 물소리는 어디로 갔을까?

밤의 유리창은 꺼진 티브이처럼 캄캄해
검은 대리석 거울 속에 나는 담겨있다

밤은 블라인드에 가려지는
내 말을 어디론가 전송한다

자루 속에서

마임니스트 이정훈에게

천천히 무대 위로 걸어 나온 너의 맨발
발끝까지 뒤집어쓴 허물 같은 자루

자루 속에 갇혀 있던
손가락은 꿈틀거렸지
밖으로 새어나오는 말들의 숨소리

커다란 거울을 허공에 그려 넣고
거울을 통과하는 거친 날개 소리
페루에서 날아온 바닷새의 울음을 닮았지

'나는 랭보를 좋아했어요'
'서른네 살 이후에도 죽지 않았죠'

마임은 어디서 시작되는 걸까?

너를 빠져 나간 날개는 종탑에
잠들어 있는데
그물 같은 모래언덕으로
달이 넘어갈 때까지
집이 없는 새는 발가락을 떨고 있었지

너는 새에 미친, 뜨거운 새
크레이지 버드
어떠한 돌멩이도 날개로 만들지

네 나이는 밤과 같아
창밖으로 커다란 배낭을 지고 가는
새의 그림자
새들은 때때로 다른 별의 꼬리를 건드리고 간다

소금은 태어난다

현기증 이는 8월의 눈길은 멀기만 하다
요세미티 가는 길, 모노레이크
소금호수 위에 태양이 걸려있다

눈부신 길 위, 발밑에서 소금이 으깨지는 소리
너의 심장이 밟히는 소리위에
두근거리는 나의 발자국을 쓴다

백색 천을 뒤집어 쓴 채
키스하는 연인들처럼
물 위의 암석은 눈물기둥처럼 솟아 있다
묻어버린 사랑을 천만 겹의
바람으로 덧바른 채

네 꿈보다 무거운 너는
물속에 빠트려버린
경전을 베껴 쓴 노트 같아

참회의 동전을 전부 던져 넣고
너와 닮은 것들이 하나씩 삭제된다

나는 창문을 반 쯤 열고 잠을 잔다
자다 깬 욕실, 말라버린 지렁이 같은 치실
바닥에는 잘못 뜯어진
두루마리가 팔딱거리고

테두리를 떼어 낸 거울 속에서
악보처럼 몰려오는 소금 밟히는 소리

소금은 눈물처럼 태어난다, 나의 속눈썹을 달고

빛에 따라 달라지는 인상파 그림처럼

너는 죽어서도 죽지 못했네
아무르비단벌레

사랑이란 방부제가 들어가지 않은 빵과 같아,
시간이 흐르면 변해가지만
이 지상에서 사라지지 않는 너의 빛,
깊은 잠 속에서 날아오르고
한 줄기 바람은 별빛을
흔들어 깨우네

경주박물관, 말안장 가리개에 박혀 있는 날개
못 자국 아래서 숨결처럼 흔들리는데
아무르, 아무르
어느 사냥터에서 말발굽 소리
두근거리며 먼 그대에게 달려갔을까

녹청처럼 얼룩진 시간

축축한 어둠은 별빛을 빨아들여
팽나무 톱밥 사이에서 날개를 만들었지
죽고 또 죽어서 잘려 나간 날개들
깨어나지 못한 채
가늘게 떨고 있는데

문

물소리가 잠든 밤, 욕조에 이불을 넣고 밟는다
손잡이가 빠진 자리
영사기처럼 둥글게 흘러 들어오는 불빛
문 앞에 선인장은
말없이 서있다

립스틱과 옷가지를 내다 버리고
나는 어슴한 불빛 아래 마른
밥을 먹는다
나에게 뿌리란 흔들리는 바람이지

나도 모르게 내 뒤를 따라 가보고 싶은
바람의 숨소리만 들리는
고비쯤일까?

비릿한 냄새가 물길을 지우고
초경을 시작하며 은퇴한 쿠마리*처럼

갠지스강에 몸을 담글까

피다만 가시가 불빛을 열고 들어올 때
강물을 말려 분을 낸 꽃이
꽃대를 밀어 올린다

문 뒤에 열리지 않는 문 하나, 벽처럼 서있다

* 쿠마리 : 네팔의 살아있는 여신. 12세 전후 첫 생리가 시작되면 쿠마리의 생활도 끝이 나게 되어 평범한 소녀의 자격으로 집으로 돌아가야 한다. 결혼도 하기 어렵게 되고 적응을 하지 못해 자취를 감추거나 멀리 떠나 버린다고 한다.

유리벽 위의 남자

여기가 나에겐 산이지요
그는 열 개의 발가락을 에베레스트에 묻고 왔다
눈사태처럼 무너져 내리는 거품
그는 유리창의 시간을 닦아내고 있다

비밀이 평생 잠들어있는 얼굴들
요일 별로 성을 가진 티벳사람 같은

빌딩의 창으로 받아 마시는 커피엔
눈물 냄새가 났지
기억을 건너 절름거리며 오는
묻혀버린 사람의 전화번호

두꺼운 책의 패인 홈에 숨어있는
유령거미처럼
유리벽을 오르내리는 그림자
저 아래 사람들은 흔들리는

밧줄을 밟으며 간다

늪 같이 어두워지는 유리의 성
그의 발가락을 품고
깨어나지 않는 산처럼 가라앉고 있다

박가당 만화를 보던 밤처럼

하늘가에서 발소리는 점자처럼 읽힌다
은빛 풍력발전기가
바람과 교신 중인가 봐

돌아보지 않은 쓰레기더미
섬처럼
하늘공원을 감싸고 돈다

햇빛을 받아먹는
억새는 지평선을 끌어내리고
마개를 열고 날아오르는 배추흰나비는
꽃가루를 뿌리며 나른하게 흐른다

밤늦도록 박가당 만화를 보던 밤
나의 창밖으로 연보라 등꽃이
눈처럼 날렸지

떠나올 때부터 자라지 못한 내가
생시처럼 찾아가는 꿈의 집
자라지 못한 달은
내 잠속에서 놀다 가곤했지

죽음이 창조되는 무덤
무디어지지 않는 고통을 품고 있는 여기
나는 앉아있다, 하늘공원에

설치미술

청계천 늪지대, 하늘 장대에
양 팔을 끼운 꽃무늬 치마저고리
바람이 십육 배속으로
끌어올렸다내렸다 한다

살수차가 엎어진 도로 위
버스는 오후의 해를 끄려고
허공으로 올라가고
소풍 나온 아이들의
구름 모자는 물줄기를 따라간다

시간을 '뒤로뒤로' 클릭해 보세요
나는 은하철도를 타고 달린다

'내성적이고 부끄러움이 많음'
담임선생의 뭉툭한 엄지손가락이 남아있는 생활통
지표

전학 간 친구가 건네준 올챙이 같은 편지
살구색 치맛자락을 살짝 치켜든 어머니
오월의 꽃그늘로 걸어가신다

「"디지털이 무엇입니까?"
"자연이 진화한 것이다"」

디지털 이후는 무엇이 올까?
잭슨 폴록은 아직도
바람의 염료를 뿌리고
아드리아해의 물결을
내방으로 울컥울컥 쏟아놓는다

*「 」표는 사진작가 '아타 김Atta Kim'의 말.

2012. 봄비는

가수 박인수에게

오늘 당신의 비가 내린다
벽거울에서 튀어나온 기억은
66세 아가를 보고 있다

단기 기억상실증에 끼어드는
백년 만에 만난 것 같은 소울soul
카세트에서 접었다 펼친
데칼코마니 실핏줄 같은
얼굴을 꺼낸다

요양원 마당에서 혼자 부르는 노래
메멘토 같은 뇌를 찍는 이는 누구인가
어둔 바다를 떠돌던
입양아의 얼굴
에, 봄비가 내린다

그의 목구멍에
억류되어 있는 화산재 같은 목소리

빗물에 잠긴 늘어진 테이프 위에
당신의 이름을 다시 쓴다
수배 중인 당신에게 찾아 온 소울
내 귀가 먹먹해지는 비의 소울

야광 눈동자

고양이가 없어졌다
야광시곗바늘처럼 뛰어다니는
너의 맨발은 나에게 보내는 미세한 주파수

천년의 그림 앞
물감이 두껍게 칠해진 듯
눈동자를 묻고 있는 고양이

뛰쳐나가지 못하도록
여왕은 양탄자 밑으로
회색 꼬리를 누르고 있었을까

유리병 속 단단한 산세베리아
물을 헤치고 뻗어나는 흰 뿌리

소리의 입자를 빨아들이는 귀를 찾아, 지금은 장소만 유효하지 네가 좋아하는 음악을 알고 있지만 최대한 너를 모

른 척 할거야 처음부터 나를 보고 있는 피아노 아래 야광 눈동자

억압된 모든 저녁의 초상화엔
입술위의 주름, 주름들
건포도처럼 말라붙어 있는
사이사이 생략체를 물고 있다

가방 속의 탁상시계

저녁은 고해신부의 귀처럼
비밀을 향해 자라기 시작했다

너는 작은 보폭으로 한 걸음 나와
거울에 비친 나를 보고 울다 들어갔다
나는 오늘 누구의 이름도 부르지 않았다

비극과 희극이 뒤섞인 연극을 보고
나는 맛없는 국수를 먹는다
국수집 창으로 시침처럼 달라붙는 빗물
나는 유리창에 이름을 지운다

어떻게 나를 전환할 수 있을까?
수십 개의 소리를 가지고
팩스에서 쏟아져 나오는 목록 중에
내가 사랑하지 않은 시간은 무엇인가?

아무 일도 일어나지 않을 것 같은
무심한 듯 건너뛰고 싶은 생일 날
너무 늦게 도착한 축하 메시지

만화경의 색종이 무늬가 사라진 후에도
새로운 무늬를 기다리던 시간은
탁상시계처럼 가방 속으로 기어들어갔지

나의 가방은 심장 뛰는 소리가 들리지
내 몸의 태엽을 풀어놓고
권태로운 생일을 관리한다

지하철 입구 젖은 양동이에 담겨
나이 수대로 계산되는 꽃송이처럼
나는 국수를 세며 먹는다

혼자 듣는 뻐꾸기 소리는

저녁과 함께 사라지고
등을 보이지 않는 소리의 끝을 따라
나는 거울 속을 통과하고 있다

해설

분광分光과 모자이크Mosaic

함기석 시인

분광分光과 모자이크Mosaic

함기석 시인

빛이 프리즘을 통과해 다양한 색채를 드러내는 것처럼 위상진의 시에서 사물들은 시인의 고통과 슬픔, 기억과 현실, 의식과 무의식을 분산시키는 매개물로 등장한다. 그녀의 시에서 세계는 위상진이라는 몸 프리즘을 통과하면서 다양한 색채의 이미지 조각들로 미분된다. 이 파편화된 모자이크 조각들이 불규칙적으로 재결합해 환상적 풍경화를 만들고 낯선 무늬들을 직조해낸다. 이러한 분해와 결합의 관점에서 볼 때 위상진의 시는 '분광分光의 시학', '모자이크Mosaic 시학'을 지향한다. 기억과 상처의 분산, 이미지와 감각의 분산, 시선과 관점의 분산을 통해 그녀는 기존의 규격화된 틀에 갇힌 사물들의 질서를 재배치하고, 억압 속에 놓인 자아와 삶을 역전된 시선으로 통찰한다. 이러한 '거꾸로 인식'은 삶에 은닉된 죽음, 질서 속에 은폐된 혼돈과 억압을 드러내기 위한 적극적 세계 대면방식이다. 이러한 성찰적 세계인식은 흐르는 길에서 이루어진다.

창으로 보이는 길
소리 내지 못한 울음이
사생아를 낳는 길
(…)
피를 쏟아내는 백색의 꽃이 자라는 그곳
건너갈 수 없는, 거기
—「흐르는 길」 부분

흐르는 길은 존재자의 시간, 죽음에 이르는 삶의 과정 전체를 나타낸다. 그 길은 빗물과 잔설, 사생아를 낳은 여인의 울음소리, 폐허의 잔영들이 드리워진 어둡고 쓸쓸한 뒷골목이다. 말하자면 시인에게 삶은 죽음과 절망이 강물처럼 흐르는 길이고, 흰 꽃들이 피를 쏟으며 자라나는 상처의 발원지다. 그러기에 시인은 망각된 시간의 단층들, 그 안에 퇴적된 정신적 트라우마들, 그로 인해 발생하는 자아의 분열 양상을 낯선 꿈의 풍경으로 변주한다. 한 번 건너면 영원히 돌아올 수 없는 삶이라는 길에서 순간순간 마주치는 무수한 풍경들에게 새로운 의미와 이미지를 부여한다. 그녀의 시에 등장하는 사물들은 바깥세계를 묘사하기 위해 동원되는 물리적 소재들이 아니라 시인의 상처와 고통, 삶의 어두운 비애를 드러내기 위해 사용되는 심리적 소재들이다. 그러기에 사물들의 배면에 절망과 고통의 흔적, 결핍된 자아의 그림자가 어른거린다. 이 점은 위상진의 시에 구현되고 있는 이미지들이 단순히 세계 재배치의 구성요소로만 기능하는 것이 아니라 무의식의 지하심층부로 내려가는 중요 계단 역할도 한다는 의미이다. 따라서 위상진의 시는 어둠과 피로 채색된 초현실적 회화나 설치작품에 가깝다. 즉 시인과 흐르는 시간 사이에 세계가 있고 그것은 검은색이다. 시인에게 세계는 검은 베일 속의 움직이는 풍경이고, 기억은 어두운 필름 속의 정지된 화면들이다. 이 동영상 풍경과 정지 화면들 사이에 나타나는 몇 가지 주요 특징들을 살펴본다.

1

위상진 시의 첫 번째 특징은 주제 중심으로 흐르지 않는다는 점이다. 오히려 주제를 의도적으로 탈각시키는 이미지들의 연쇄적 나열을 통해 상처와 결핍을 초현실적 이미지로 시각화한다. 다시 말해 그녀의 시는 전체를 통괄하는 특정 이야기를 통해 어떤 메시지 전달을 목적으로 하지 않는다. 그녀에게 시는 메시지의 집이 아니라 사물들의 집이고 풍경들의 밀회장소고 기억들의 재소환 장소이고 환상의 발아공간이다. 재미있는 것은 사물들이 정지 상태로 한 국면에 머무르지 않고 또 다른 국면을 향해 끊임없이 변화하려는 운동성을 띤다는 점이다. 왜 그런 걸까? 왜 풍경 속의 이미지들이 그 풍경에 영원히 갇히기를 거부하고 계속 풍경으로부터 탈출해 사방으로 분산되는 걸까? 시인의 내면 심리 때문이다. 고정되는 것에 대한 거부와 반항 심리가 무의식적으로 사물들 속으로 삼투되기 때문이다. 순차적 질서로 구성된 인과因果의 세계에 대해 시인이 회의하고 부정하기 때문이다. 이러한 부정정신을 통해 시인은 경직된 인식체계, 식상해진 상상력에 미적 충격을 주려한다. 시 곳곳에서 사물에 대한 새로운 응시, 억압이 없는 무구속의 자유를 시인이 갈망하고 있음이 드러난다. 이러한 진단의 단초를 제공하는 것이 죽은 시계 이미지다. 시집 전체에서 작동을 멈춰버린 시계, 움직이지 않는 시계, 흘러내리는 시계 이미지들이 지속적으로 등장한다. 시간성이 휘발된 시계는 위상진의 시세계에서 매우 중요한 역할을 하는 소재이다. 물리적으로 작동하던 시계가 정지한다는 것은 이성과 합리성의 파괴를 뜻하고, 시인의 의식이 현실에서 초현실로 급격히 비상하는 중대 사건의 시발점이다. 시계의 죽음은 시적 자아의 해방, 즉 이성의 세계에서 초현실적 환상세계로의 진입을 알리는 신호탄이다.

출입구 천장에 붙어 있는
죽은 시계
나는 그에게 먼저 눈인사를 했다
—「조명등 밖으로」 부분

나에게 요일은 사라져버렸다
시계가 울지 않는 아침
—「새가 지나간다」 부분

오후 다섯 시에 멈춘
교회 종탑 시계
—「흐르는 길」 부분

버터처럼 녹아내리는 시계

—「귀」 부분

죽은 시계 이미지는 시인을 억압하는 외적 현실들뿐만이 아니라 기억 속의 상처들과 긴밀하게 연계되어 있다. 시계는 떼어낼 수 없는 유년의 슬픈 기억들, 현실의 권태와 환멸, 이성적 억압의 심각성을 반어적으로 드러내면서 그런 구속과 폐쇄로부터 벗어나고픈 욕망의 대리물로 기능한다. 즉 정지된 시계들과 연계된 환상들은 시인의 몸에서 발아한 고통스런 기억의 물감이 바깥풍경들과 뒤섞여 만들어낸 것이다. 이러한 죽은 시계 이미지는 모딜리아니와 그의 연인 잔느 사이에도 나타난다. 잔느가 모딜리아니에게 "왜 내 초상화에 눈동자를 그리지 않는 거야?"라고 묻자, 모딜리아니는 "너의 영혼을 알게 되면 그때 눈동자를 그릴 거야"라고 대답한다. 모딜리아니가 죽자 슬픔에 빠진 잔느는 임신 8개월의 몸으로 친정집 아파트 6층에서 투신자살하여 22살로 생을 마감한다. 잔느에게 시간은 모딜리아니가 초상화를 그리기 위해 붓을 들고 자신을 바라보던 그 순간, 그 짧은 거리에서 영원히 정지해버린 것이다.

나는 당신과의 거리를 사랑한 것이라고
잔느처럼 사라진 눈동자가
꾸는 꿈이라고
밤기차 유리창에
악착 같이 달라붙은 사랑
(…)
이제 당신의 눈동자에 불사조를
그려 넣고 싶어
—「불 속의 비둘기」 부분

잔느의 초상화엔 지금도 눈동자가 없다. 그녀의 텅 빈 눈동자는 죽음과 삶이 만나는 여백이고 침묵의 백색지대이다. 잔느의 눈앞에서 멈춰버린 모딜리아니의 붓을 쥔 손과 그 손을 바라보는 잔느의 눈동자를 시인은 동시에 보고 있다. 영원히 정지된 시간을 보며 사랑이 남긴 가혹한 상처와 고통, 사랑하는 사람의 죽음이 가져오는 충격과 공포를 상상한다. 그러면서도 불멸의 사랑에 대한 욕망을 드러내는데, 주목되는 것은 이러한 사랑에 대한 불멸의 욕망이 정반대편에 위치한 죽음의 욕망으로 변주되어 나타난다는 점이다. 그것은 모래시계, 모래, 사막 이미지로 나타난다. 즉 시계가 환상 세계로의 진입을 알리는 매개자 역할을 한다면, 모래는 자아를 죽음의 세계로 끌어들여 자아가 직면한 존재론적 현실을 되돌아보게 하는 역할을 한다.

그 눈 속에서 흘러내리는 모래
그녀는 고장 난 커피기계 앞에서
뜨겁고 건조한 바람을 마신다
-「모래 가방」 부분

내 방으로 들어온 황사바람
닫아도 날아가는 공기 같은 모래
나는 오래된 기구처럼 낡아만 간다

모래시계가 녹아내리는 나른한 시간
뜨거운 모래 밖으로 한 여자
손을 내민다
—「모래 가방」 부분

위상진의 시에서 사막은 크게 두 가지 역할을 한다. 첫째는 생명이 사라진 불모의 현실, 죽음의 절대공간으로 설정되어 시인의 세계인식의 단면을 보여주는 역할을 한다. 즉 시인은 세계를 생명이 사라진 죽음의 공간으로 인식하고 그것을 사막으로 제유한다. 그 죽음의 사막에서 불어오는 모래바람에 조금씩 죽음의 무늬를 갖추며 탈색해가는 게 존재자의 비극적 운명이라고 생각한다. 둘째로 사막은 시인의 무의식적 욕망을 차단하는 대상물 역할을 한다. 환상이 펼쳐지다가 사막이 등장하면서 그 환상이 차단되고 시적 자아는 현실로 되돌아오기 때문이다. 다시 말해 사막은 현실 속의 시인을 감시하는 감시자 또는 관찰자 역할을 한다.

사랑과 연계된 욕망의 문제, 죽음과 연계된 존재의 문제는 위상진의 시세계를 관류하는 큰 기둥들이다. 이러한 주제들을 시인은 서사를 통해 발언하지 않고 오히려 서사를 흩트리는 방식으로 전개한다. 즉 원의 중심점을 향해 응집되는 평면의 상상력이 아니라 중심을 여러 개 산포시켜 응집 자체를 차단하는 점과 선의 상상력을 펼친다.

2

두 번째 특징은 여러 개의 시점과 관점이 공존한다는 점이다. 화자의 시선과 독자 시선의 중복 배치, 위치에 따른 관점의 이동, 장면에 대한 중층적인 시선 설정은 그녀의 시를 난해하게 만드는 주요 요인으로 작용한다. 몇 개의 시선이 중층적으로 얽히면서 각각의 위치에서 바라본 이미지들이 분산되어 재배치된다. 즉 현재에서 바라본 장면과 기억 속의 장면이 중첩되기도 하고, 현실의 장면과 꿈의 장면이 중첩되기도 한다. 그 결과 연과 연 사이에 급격한 비약이 발생하고, 장면과 장면 사이에 필연적 연결고리가 끊어지곤 한다. 이것은 구조적 결함보다는 시선의 중복과 관점의 이동에서 발생하는 것이다. 그녀의 시는 몽타주, 모자이크, 쇼트와 장면들의 복합배치, 디지털 가상현실, 데페이즈망Depaysement, 초현실적 오브제, 설치작품의 구도 등으로 다양하게 세계를 재구성한다. 그 구성공간들은 컴퓨터 가상공간 같기도 하고 살바도르 달리, 막스 에른스트, 르네 마그리트 같은 초현실주의 화가들의 작품 속 공간들과도 유사하다. 특히 달리의 녹아내리는 시계 이미지, 황혼 속에서 비명을 지르는 뭉크의 절규 이미지, 인식의 전복을 요구하는 마그리트의 의도된 비현실적 구도 등은 위상진의 시와 긴밀하게 연계되어 있다.

나에게 요일은 사라져버렸다
시계가 울지 않는 아침

발가락에 이슬을 달고
내 곁을 죽는 날처럼 날아가는 새
-「새가 지나간다」 부분

나는 내 꿈에 매수당한 채
간신히 돌아누웠다
내 곁을 기어온 전갈 같은 어둠은
손끝에 놓인 중고책 속으로 기어들었다
—「매수당한 피」부분

요일이 사라지고 하루하루 이름 짓는 것을 거부하는 행위가 작동을 멈춘 시계 이미지와 병렬되어 나타난다. 이때 날아가는 새가 등장하는데, 새의 목적지는 영혼의 거처 또는 죽음의 종착지이다. 죽음으로의 이러한 이동이 이루어지는 시간대는 밤이다. 위상진의 시에서 밤은 단순히 물리적 낮의 반대개념으로 설정되지 않고, 빛이 차단된 시인의 어두운 내면과 암울한 기억들을 부각시키는 시간대로 설정된다. 문제의 심각성은 이 고통의 시간이 계속될 뿐 그 상황을 끝낼 새벽의 시간은 날아들지 않는다는 점이다. 시적 화자들이 밤에 느끼는 불안과 고통의 수위가 매우 심각한데, 「매수당한 피」에서도 화자는 꿈에 사로잡혀 고통과 불안을 겪는다. 이런 불안 증세는 주로 가수면假睡眠 상태에서 나타난다. 불길한 이미지들과 함께 '스틸녹스' 같은 신경안정제를 먹기 직전의 심리적 공황장애, 분리공포장애도 함께 나타난다.

> 돌발적으로 분리공포증이 몰려와
> 집으로 가는 길에
> 노란 비탈길이 일어선다
> —「노란 비탈길」 부분

분리공포증은 생후 18개월에서 24개월 사이에 주로 나타나는데, 아이가 엄마, 집, 장난감 같은 특정 애착대상으로부터 분리되는 것을 두려워하여 극심한 불안감을 드러내는 증세를 말한다. 아이가 엄마와의 관계가 지나치게 밀착되어 있거나, 지나치게 불안정한 관계로 성장하여 안정된 애착관계를 형성하지 못할 때 발생한다. 위상진 시의 화자들 또한 정상적인 애착관계를 이루지 못하고 지속적인 불안 증세를 보이는데, 이것은 그녀의 시 속에 묘사된 인물과 풍경들이 시인의 불안심리가 투영된 대상들임을 암시한다. 그녀의 시에서 이미지의 발생경로는 밖에서 안으로 들어오는 것이 아니라 주로 몸 안의 기억과 상처들이 바깥으로 흘러나와 새롭게 변주되곤 한다. 이러한 이유 때문에 많은 사물들이 불길하고 충격적인 이미지를 거느린다. 시적 화자가 긴장과 불안의 초현실적 세계로 진입해 들어가면서도 현실을 객관적으로 응시하려 한다는 점이다. 즉 꿈을 꾸면서도 꿈속의 풍경을 바깥으로 보여주는 꿈의 중개방송 안내자 역할까지 겸한다. '의식→무의식→의식'의 순환과정에서 자아의 잠재된 상처와 고통의 무늬들이 외부로 시각화되는 동안, '나는 지금 꿈을 꾸고 있는 거야' '이건 꿈일 뿐이야'라고 계속 의식한다. 잠이 든 채 꿈을 꾸는 자아와 잠든 자아를 위에서 내려다보는 또 다른 현실적 자아가 양립한다. 이 둘 사이의 분열과 상호 응시가 지속적으로 긴장을 유발한다.

> 눈먼 자가 빼앗겨버린 지팡이 같은
> 나의 불안

벽에 걸린 가족사진은 흰 뼈처럼
웃고 있다
-「거꾸로 사진관」 부분

어디서 잠의 노래가 들려오나
남아 있는 비상약 한 알을 삼키고
잠은 부적의 뒷면으로 흘러드는데
—「바다로 내리는 잠」부분

약에 취한 몽유의 상태에서 이미지들이 우연적으로 태어나기 때문에 연과 연의 필연적 연관관성은 줄어들고 우연성의 비중이 커진다. 또한 행과 행, 문장과 문장 사이의 연결 관계도 비합리적이고, 전체적인 통일성보다는 카오스의 국면들이 나열되어 있는 느낌이다. 이유가 뭘까? 왜 시인은 중층적인 시선으로 세계와 자아를 바라보고 그것들을 시 텍스트 속에 재구현하는 걸까? 이유는 크게 두 가지다. 하나는 불안과 공포의 밤으로부터 벗어나고픈 욕망 때문이다. 그녀의 시에서 이러한 해방과 탈출의 충동은 주로 태양과 새의 이미지로 구현된다. 태양과 새는 절망의 어두운 바닥에서 벗어나 밝은 빛의 세계로 비상하고픈 결핍된 욕망의 대리물이다. 또 하나의 이유는 이질적인 풍경들과의 만남을 통해 상상력을 무한히 확장시키려는 욕구 때문이다. 세계의 모든 풍경과 사물들은 독립적으로 제각각 존재하면서도 무수한 방향의 무수한 시선에 노출되어 있다. 사물들이 처한 이러한 입장과 상황을 시인은 그대로 시에 반영하려 한다. 즉 세계를 구성하는 무수한 사물과 존재에 대한 시인의 철학적 탐구의식이 시선의 중복과 관점의 중복으로 나타나는 것이다. 이것은 시인이 세계의 존재방식을 수직적 인과구조가 아닌 수평적 순환관계로 파악하고 있다는 반증이다.

3

세 번째 특징은 분산의 상상력을 펼친다는 점이다. 어떤 대상에 접근할 때 시인들의 의식은 대체로 대상에 내재된 속성이나 본질 같은 대상의 중심과녁을 향해 원운동을 하며 집중된다. 그러나 위상진의 의식은 오히려 반대방향으로 움직인다. 특정 대상 하나에 집중해서 그 대상의 심층을 파헤치기보다는 여러 개의 대상들을 병렬시켜 대상들

사이의 관계를 만들고 그 관계로부터 낯선 상상을 경험하도록 유도한다. 각각의 장면들이 별개의 독립된 조각들처럼 자유롭게 편재한다. 이렇게 독립된 무늬와 색깔의 유리 조각들이 하나의 벽면에 붙어 신비로운 풍경화를 만든다. 시인의 의식이 어떤 대상, 어떤 기억, 어떤 인물을 향해 직선直線을 그리며 움직일 때 그와 동시에 무의식이 곡선曲線을 그리며 지속적으로 시에 개입하는 형국이다. 그 결과 대상들이 결합된 공간은 왜곡되고 뒤틀린 또 다른 공간으로 태어나고 그 낯선 이질감이 미적 충격으로 작용한다. 이러한 공간의 뒤섞임, 의식과 무의식의 지속적인 삼투현상이 벌어지는 시공간이 그녀의 시이다. 다시 말하지만 그녀는 집중의 전략으로 한 사물의 깊이를 추구하기보다는 분산의 전략으로 세계의 다양한 층을 보려한다. 이러한 시인의 의도를 간파하지 못하고 전자의 시각에서만 시에 접근하면 난감해진다. 그녀의 시가 도대체 무엇을 말하려는 것인지 파악하기 어려워진다.

검은 봉지 속, 귤이 해가
지는 쪽으로 쏟아질 때
그 불은 경찰서 뒷마당에서 시작되었죠

— 「불 속의 비둘기」부분

분산의 상상력은 주로 연상을 통해 이루어진다. 「불 속의 비둘기」에서 노란 귤은 해를 연상시키고 해는 다시 불을 연상시킨다. 불은 다시 불에 타는 비둘기로 이어지고, 화자는 불꽃 속에서 떠오르는 당신의 마지막 눈동자를 본다. 그로 인해 당신과의 사랑을 기억하고, 당신 눈동자에 불사조를 그려 넣고 싶다는 욕망을 드러낸다. 귤→해→불→비둘기→눈동자→불사조로 이어지는 연상의 빠른 흐름을 통해 시인은 당신에 대한 불멸의 사랑, 사랑에의 욕구와 결핍을 함께 드러낸다. 이런 연상 방식은 하나의 대상에서 또 다른 대상들이 빠르게 불려나오기 때문에 논리적인 추론보다는 독자의 상상력을 자극하는 효과가 크다.

연상의 메커니즘은 「숨」에서도 잘 드러난다. 한밤중에 어디선가 소리가 들려온다. 그것은 나무에서 나오는 소리인데, 천장을 받친 장롱의 마호가니 나무속의 새의 심장소리이다. 즉 소리→나무→새→나→나를 둘러싼 벽으로 이어지면서 이미지들의 변주가 연쇄적으로 나타난다.

파문당한 사제복에 남아 있는 향내 같은

위트릴로 그림 밖으로
걸어나와 그늘이 되는 여자
—「흐르는 길」 부분

회백색 선으로 만들어진 길은 빛의 공간이 아닌 어둠의 공간, 울음소리조차 낼 수 없는 사생아들이 태어나 버려지는 길이다. 이러한 빛과 어둠의 경계지대를 시인은 오후 다섯 시라는 시간대로 설정한다. 빛과 어둠의 교차지대, 현실과 꿈의 경계지대를 설정하고 그 시간대를 특수공간처럼 응시한다. 이 응시 행위보다 중요한 것은 다섯 시라는 물리적 시간대에서 시인의 의식이 정지한다는 점이다. 즉 낮에서 밤으로 전이되는 시간대를 시인은 이성과 논리가 죽고 꿈과 본능이 살아나 꿈틀거리기 시작하는 출발점으로 본다. 다시 말해 빛이 차단되고 어둠이 활동하는 밤의 시작은 물리적 환경의 변화만이 아니라 초현실적 환상이 꽃피기 시작한다는 의미를 띤다. 이 이성의 정지와 환상의 꽃핌은 죽은 시계 이미지로 대치되어 시집 전반에 지속적으로 나타난다. 시계와 함께 인물들도 등장하는데 대부분 현실의 제도권에서 밀려났거나 고립된 자들이다. 파문당한 신부, 애수에 잠긴 파리의 거리를 서정적 필치로 그렸던 화가

위트릴로, 모딜리아니가 죽자 자살로 삶을 끝낸 잔느 에뷔테른, 자신의 귀를 잘라버린 빈센트 반 고흐, 야만적 원시의 세계를 동경하여 타히티로 떠난 폴 고갱, 「고도를 기다리며」를 쓴 사무엘 베케트 등 대부분이 죽음과 충동의 파토스 세계에 머물며 자신의 예술작업에 목숨을 걸었던 예술가들이다.

> 오늘은 머리에 이고 있던 뱀을
> 그만 내려놓을래
> 풀어놓은 뱀은 노래를 따라 간다
> (…)
> 원주민처럼 화장을
> 하고 타히티로 숨어들 거야
>
> 귀환하지 못하는 시간을 거슬러
> 우리는 어디서 왔는가
> 우리는 무엇인가, 우리는 어디로 가는가
> —「천경자」 부분

뱀은 인간의 관능적 욕망을 상징한다. 그러한 뱀을 내려놓아 풀어주는 행위는 억압된 본능의 해방욕구를 역설적으로 드러낸다. 이것은 시인이 무의식적으로 원시 본능의 세계, 충동의 세계, 이성적 구속이 없는 야만의 세계를 욕망하고 있음을 암시한다. 고독과 절망 속에서 자신의 예술혼을 불태웠던 화가의 삶과 예술에 대한 동경을 드러내면서 자신 또한 동화되고 싶다는 심리를 드러낸다. 원시부족처럼 화장을 하고 고갱이 간 타이티로 숨어들고 싶다는 욕망의 표출은 역으로 시인이 처한 현실이 그러한 욕망을 억누르는 이성과 합리성의 폭력적 구조임을 암시한다. 그래서 시인은 자신의 삶을 슬픈 생애로 인식한다. 그녀의 시에 등장하는 수많은 시적 화자들이 어둠의 세계, 본능과 충동의 세계로 경사傾斜되는 이유가 여기에 있다.

> 칼로 그어버린 수평선 너머
> 백색 카라 한 송이를 걸어두고
> 물에 넣은 양배추처럼
> 깨어나고 싶어
> —「그믐달 마돈나」 부분

극심한 파토스의 분출이 손목을 칼로 그어 자해하는 환

자의 모습으로 투사投射된 시다. 이 시에서 마돈나는 내면에 잠재된 관능적 쾌락과 무의식, 신성神性에 대한 갈망과 결핍 모두를 상징하는 자아의 대리물로 등장한다. 시간적 배경이 보름이 아닌 그믐으로 설정된 것 또한 죽음의 이미지, 쇠락과 소멸의 정서를 강화하기 위함이다.

4

네 번째 특징은 시공간의 특수성과 디지털 감각이다. 환각과 상상, 기억과 경험의 공간들이 복잡하게 뒤섞여 일정한 관계를 형성한다. 기억 속의 현실과 상상 속의 비현실, 일상의 현실과 디지털 가상현실이 뒤섞여 낯선 초현실적 시공간을 창출한다. 각각의 장면들이 어떤 때는 매우 정교하게 계산되어 배치되고, 어떤 때는 매우 비논리적으로 배치된다. 사실의 비사실화, 기억의 현재화, 타인의 자기화, 자기의 타자화, 자연의 인공화 등이 빈번하게 나타난다. 자연의 살아있는 꽃이 인공의 꽃으로 변주되어 낯설고도 이상한 사물로 독자의 눈앞에 제시된다. 이때 시인 자신은 이미지와 이미지, 장면과 장면을 링크시키는 중계자 역할을 한다. 이 중계과정에서 시인의 무의식이 검은 안개처럼 시 속으로 스며들고 그것이 불길한 초현실적 풍경으로 변주되어 나타난다. 이미지들의 네트워크가 자동으로 직조되어 새로운 관계를 형성하고, 새로운 타자나 사건과의 우연적 마주침을 통해 인식의 전환을 가져온다는 점에서 그녀의 시의 공간은 리좀rhizome 공간이라 할 수 있다. 사물과 시인이 접속하여 연결되고, 그 과정이 상부(시인)에서 하부(사물)로 내려가는 종적 구조가 아닌 횡적 구조이고, 주체의 통일성이 사라진 다양체들이 존재하여 선으로 서로 연결되고, 하나의 이미지가 또 다른 차원의 이미지들과 자유롭게 연결되어 접속하는 공간이기 때문이다. 즉 사물과 인간의 관계가 권력화 되지 않은 평등한 수평관계, 하나의 사물이 하나의 의미에 폭력적으로 종속되지 않는 기표작용의 관계를 유지하면서 시인의 기억과 상상이 순환하는 변화 공간이다.

> 눈 하나가 방에 가득 차 있다
> 어둠의 속눈썹을 따라 들어가면
> 나방처럼 날아다니는 불빛
> 흰 가루약처럼 내 얼굴에 쏟아진다

—「사진촬영 금지구역」 부분

왼손으로 그려 넣은 악보처럼
달팽이관으로 달려드는 소리들
'비에 젖은 신발을 발려 봐
비눗방울 속에서 빠져 나올 수 있어'
—「귀」 부분

앞의 시는 꽃(사과) 하나가 방을 가득 채우고 있는 르네 마그리트의 회화작품을 연상시키고, 뒤의 시는 노을을 배경으로 절규하는 뭉크의 그림을 연상시킨다. 사물의 크기를 극단적으로 확대하여 공간과 사물을 동시에 낯설게 만들면 감상자의 인식체계는 뒤흔들린다. 이런 목적을「사진촬영 금지구역」에서는 시각에 의존하고 「귀」에서는 청각에 의존한다. 그만큼 위상진의 시에서 시각 못지않게 청각도 중요한 가능을 한다. 즉 소리는 사물의 배경에만 머무르지 않고 독자의 감각을 자극해서 시를 입체화하는 역할을 한다. 이미지가 이미지를 연쇄적으로 불러오듯, 소리도 시각적 기억의 장면을 호출해내는 촉매 역할을 한다.

충혈된 시계 위로 폭설처럼
쏟아져 내리는 소리

누가 녹아내리는 면도칼의 문장을 알아챌 수 있을까?
1초도 자기 자신을 낭비하지 않는 시간처럼
바스락거리는 이파리 소리

도무지 닫히지 않는 귀 하나 여기 있다
—「중얼거리는 꽃」 부분

면도칼 같은 인식의 예리함을 갖춘 문장을 시인은 갈구한다. 하지만 그렇게 표현된 시를 아무도 알아채지 못하리라 예감한다. 그래서 1초라도 낭비하지 않고 사물들의 미세한 소리에 귀 기울이겠다고 다짐한다. 「중얼거리는 꽃」은 시인의 이런 각오를 바스락거리는 작은 소리까지 감지해내는 귀 이미지로 설정해 놓는다. 이처럼 소리는 청각적 기능, 시각적 기능, 내면응시 기능 등을 동시에 수행한다. 서로 먼 거리, 먼 시간대에 있던 이질적인 사물들(풍경, 장면)이 소리를 통해 현재로 호출되어 각각의 연으로 자리 잡고, 이 단절된 장면들이 모자이크 조각들처럼 결합하여 낯선 풍경을 연출한다. 이 과정은 프로게이머가 컴퓨터 모니터 앞에 앉아 연속적으로 화면을 바꾸어가는 상황과 비슷하다. 한 번의 클릭에 의해 하나의 장면이 다른 장면으로 바뀌는 것처럼 각각의 연은 개개의 모니터에 나타나는 풍경들에 해당한다. 시의 이러한 디지털 구조화는 시인의 의식 속에 디지털 매체에 대한 사유가 전제되어 있기 때문일 것이다.

시간을 '뒤로 뒤로' 클릭해 보세요
나는 은하철도를 타고 달린다

'내성적이고 부끄러움이 많음'
담임선생의 뭉툭한 엄지손가락이 남아있는 생활통지표
전학 간 친구가 건네준 올챙이 같은 편지
살구 색 치맛자락을 살짝 치켜든 어머니
오월의 꽃그늘로 걸어가신다

"디지털이 무엇입니까?"
"자연이 진화한 것이다."

디지털 이후는 무엇이 올까?
잭슨 폴록은 아니고
바람의 염료를 뿌리고
아드리아해의 물결을
내 방으로 울컥울컥 쏟아놓는다
—「설치미술」 부분

「설치미술」에는 디지털 매체에 대한 물음과 회의가 직접적으로 등장한다. '디지털이 무엇이냐'는 질문에 화자는 '자연이 진화한 것'이라고 말하지만, 실제로 그렇게 말한 사람은 아타 김atta kim이다. 아타 김은 '존재하는 모든 것은 사라진다'는 철학적 진리를 토대로 자아ego와 존재, 시간 속의 죽음 문제를 깊이 있게 천착해 강렬한 이미지로 표현한 사진작가이다. 그에게 사진은 영혼의 상처를 치유하기 위한 행위인데, 삶 자체가 고통과 상처의 연속이기 때문이다. 그러나 비록 삶이 고통의 연속이라 할지라도 상처받기를 두려워하는 예술가는 삶과 예술을 포기하는 것과 마찬가지이다. 이 시에서 시적 화자는 존재와 예술을 바라보는 아타 김의 견해에 동조하면서도 회의와 부정의 시각 또한 깔고 있다. 그러나 거시적 시각에서 보면 시인은 자신 또한 그러한 길을 갈 것이며, 차후 다가올 미지의 세계를 향해 나아갈 것이라는 자기 작업의 미래를 열어놓고 있다.

전체적으로 위상진의 시의 특징은 이미지들이 원의 중심을 향해 집중되지 않고 분산된다는 점, 복수적 시점과 관점이 중층의 구조로 혼재한다는 점, 그로 인해서 의미가 다양한 방향으로 분산되어 상상력을 자극한다는 점, 시 텍스트 속에서 구현되는 시공간이 디지털 감각과 연계된다는 점 등으로 요약된다. 예술가가 타인과 구분되는 자기만의 개성을 갖추어가는 과정은 매우 힘겹고 고통스럽지만 행복한 축제의 과정이기도 하다. 자기와의 싸움에 더욱 강도를 높여 더 깊고 넓은 세계로 뻗어나가길 기대한다.